CONSIDÉRATIONS

SUR

LES ÉLECTIONS.

A PARIS,

Chez **L'HUILLIER**, Libraire, rue Dauphine, N° 36.

1824.

CONSIDÉRATIONS

SUR

LES ÉLECTIONS.

Cette année décidera peut-être de l'avenir de la France. Il importe à tous de bien connaître la situation où le ministère a placé notre pays. Il faut oser la voir et la décrire telle qu'elle est ; toute illusion serait funeste, tout détour serait coupable.

Depuis l'ordonnance du 5 septembre jusqu'à la fin de 1819, la Charte parut l'étoile de la restauration. Le ministère et la majorité des deux chambres marchaient, quoiqu'à pas lents et incertains, dans les voies constitutionnelles ; leurs actes, leurs lois, satisfaisaient du moins une partie des besoins nationaux. La loi des élections surtout rallia beaucoup de suffrages ; quelqu'avare qu'elle fût du droit d'élire, elle eut cet avantage de se conformer à l'état de la société, et de lui promettre une chambre qui la représentât fidèlement.

Depuis le commencement de 1820, un nouveau système a prévalu, qui semble une abjuration du premier. Le parti dont les ministères antérieurs s'étaient imparfaitement défendu, est devenu l'auxiliaire et l'instigateur des ministères nouveaux. Une loi électorale avait caractérisé la politique des premières années; une loi électorale a signalé la politique des dernières; loi compliquée qui contraint la société au lieu de l'affranchir, et qui dissimule ce qu'elle devrait révéler. L'exercice du pouvoir est tombée aux mains de ceux dont la Charte avait condamné les doctrines, et l'ordonnance du 5 septembre repoussé les prétentions. Les lois ont été interprétées ou appliquées avec rigueur, la partialité a été professée et pratiquée par l'administration (1); dans tous les actes enfin du ministère et de ses agens, on a pu reconnaître l'influence d'un parti redoutable au trône comme au peuple; et les espérances que la Charte avait données ont semblé prêtes à s'évanouir.

Dans cette position, et sans aucun motif apparent, la chambre des députés est dissoute; cependant cette chambre s'est jusqu'ici prêtée à tous les desseins du ministère, si elle ne les a provoqués; jamais il ne l'a trouvée sévère, jalouse et indocile. La majorité, sans cesse fortifiée dans le même sens par les renouvellemens annuels, a sollicité la loi des élections, soumis la presse à une législation rigoureuse, consenti, presque sans contestation, d'énormes budgets, protégé l'administration contre toutes les pétitions accusatrices, contre toutes les réclamations des électeurs, accordé des levées de troupes, un emprunt considérable, enfin compromis sa propre indépendance, en bannissant de

---

(1) On se rappelle qu'un ministre a dit dans une des chambres : *Nous serons partiaux.*

son sein un de ses membres, en forçant ainsi au silence l'opposition tout entière. D'où vient donc que le ministère licencie une majorité si complaisante? Que peut-il désirer de plus? Jamais elle ne lui résiste; et même elle le prévient; serait-ce donc qu'elle ne lui suffit pas?

Et en effet, elle a suffi pour établir la domination du parti qui la compose; mais pour affermir et exploiter cette domination, elle ne suffit plus. Livrée aux chances des élections annuelles, elle peut se modifier sans cesse; des divisions peuvent s'élever dans son sein; des considérations, prises du dehors, peuvent influer sur son esprit; incertaine de son avenir, elle peut cesser de marcher avec suite, avec ensemble; elle ne peut concevoir et poursuivre l'exécution d'un dessein vaste et systématique. Or, il ne s'agit plus maintenant de conquérir, mais de profiter de la conquête. Il faut donc au ministère une chambre nouvelle, qui commence par se consolider pour sept ans, et réunisse ainsi à l'énergie d'un pouvoir électif la persévérance d'un corps permanent. C'est une armée d'occupation qui doit succéder à une armée d'invasion; au lieu d'une majorité mobile et sans cesse recomposée, c'est une majorité invariable et compacte qui, certaine de sa durée, portera de la prévoyance dans ses conceptions, de la conséquence dans ses actes, et se consacrera systématiquement au triomphe de cette politique astucieuse qui emploie les formes de la Charte à rétablir le pouvoir absolu dans le gouvernement et le privilége dans la société.

La chambre que le ministère espère ne saurait avoir d'autre mission; car lui-même ne peut avoir d'autre projet. Par ce qui s'est fait, jugeons de ce qui reste à faire.

La loi du 29 juin a réglé de telle sorte la distribution des suffrages électoraux, elle les a soumis à de telles formalités, qu'elle a presque fait, de l'exercice d'un droit populaire un moyen de gouvernement. La guerre a, dit-on, rallié au gouvernement bien des ambitions; enfin, la chambre, secondée par toutes les législations que le passé nous a léguées, a soigneusement délivré l'administration de toute résistance, comme de toute responsabilité. C'est beaucoup, sans doute; mais toutes ces choses ne sont encore que des moyens; il reste à les employer pour atteindre au but; après s'être emparé de l'ordre politique, il reste à envahir l'ordre social.

Interrogez le parti de l'ancien régime, lisez les livres qu'il avoue, consultez nos adversaires depuis leurs orateurs les plus célèbres jusqu'à leurs publicistes les plus obscurs : vous trouverez que ce qui les importune et les offense avant tout, c'est l'état de la société telle que la révolution l'a faite; c'est la division des propriétés, c'est le progrès de l'industrie, c'est l'indépendance des individus, c'est la multiplicité des fortunes mobilières, ce sont enfin tous les bienfaits, tous les symptômes de cette égalité précieuse qui se manifeste dans la religion par la soumission de tous les cultes à la même loi; dans l'ordre intellectuel, par la diffusion des lumières et de l'instruction; dans l'or-

dre économique, par la dispersion des terres et des in-
dustries; dans la famille enfin, par l'égalité des partages et le libre choix des professions.

Tels sont les biens et les droits qui nous restent de la
révolution ; c'est désormais tout ce que la contre-révolution peut nous envier et nous ravir. Comment n'en
aurait-elle pas la prétention et l'espoir ? qui peut pen-
ser qu'elle se contente de ce qu'elle possède ? Vit-on
jamais les partis rester stationnaires ? N'est-il pas, au
contraire, dans leur nature de s'exciter par le succès?
Le pouvoir ajoute à leur ambition, la richesse à leur
avidité. N'entendons-nous pas celui qui nous domine
répéter, depuis la guerre d'Espagne, qu'il faut profiter de la victoire ? Tout-à-coup le ministère prend une
grande mesure ; il annonce de grands projets. C'en est
assez : nous n'avons pas besoin des indiscrétions de ses
journaux pour deviner le secret de cette grande mesure, la nature de ces grands projets; la situation du
ministère, les préjugés de son parti suffisent pour révéler leurs intentions, c'est la société qu'ils veulent re-
faire, en renouvelant ses élémens, en changeant ses
relations.

Les intérêts et les droits civils restaient seuls; ils
nous consolaient de la perte du reste ; tant qu'ils
étaient épargnés, la nation ne se sentait pas atteinte.
Imprudente, elle voyait sans résistance se perdre ou
s'altérer ses droits politiques, seule garantie de ses
droits civils. Désarmée maintenant, elle expiera
cruellement son imprévoyance, si, dans les élections,
elle ne tente un dernier effort, ou si cet effort est déçu.

Elle verra s'aggraver de plus en plus le joug administratif, et l'autorité ne se démettre de quelques-unes de ses innombrables attributions, que pour les abandonner à un parti. L'instruction publique est déjà tombée à la disposition d'un clergé dont 'un des plus éminens dignitaires a laissé percer l'intention de se soustraire au pouvoir politique, pour ne reconnaître d'autre souveraineté que le Saint-Siége; l'état civil va passer aussi dans ses mains ; les ministres du culte décideront de la légitimité de nos mariages, de celle de nos enfans, et nous ne devons pas moins redouter les préjugés de leurs consciences que les caprices de leurs passions. Le droit d'aînesse, premier appui de l'inégalité sociale, en recréant les grandes familles, nécessiterait bientôt les institutions abusives qui remédient à la disproportion des partages, en dédommageant les cadets déshérités. L'industrie, limitée par les maîtrises dans ses progrès comme dans ses produits, se verrait interdire les essais et les nouveautés. Cependant la faveur qui remplace la loi partout où domine le privilége, multiplierait les désordres dans l'administration, gaspillerait la fortune publique, et ruinerait, par ses abus, un gouvernement devenu alors aussi faible qu'oppressif.

Voilà, n'en doutons pas, l'avenir de la France, tel que le lui réserve le parti de l'ancien régime, si les élections confirment ses espérances. Dira-t-on que le ministère nous épargnera de telles extrémités ? Mais quand le ministère nous a-t-il rien épargné ? Quel jour, dans quelle circonstance, s'est-il montré capable de résister à son parti ? Toutes les nuances qu'on prétend distinguer dans le côté droit sont indifférentes à la nation. Que lui importe que l'ambition de tel député inquiète celle de tel ministre, s'ils votent ensemble toutes les fois qu'une mesure ou qu'une loi semble favorable à la contre-révolution ? M. le président du conseil n'a-t-il pas au fond toutes les doctrines du *Conservateur?* Où est la différence, si ce n'est qu'il met dans ses concessions plus de mesure que le parti dans ses exigences ? Il fait avec modération des choses qui ne sont point modérées ; il facilite par sa prudence ce que d'autres tenteraient avec emportement, et accomplit avec précaution des plans insensés. La France doit à son habileté tant vantée d'avoir rendu possible la domination d'un parti, qui, sans lui, tombait d'extravagance. Tout son secret est de contenter les fanatiques en paraissant les contrarier, et de préparer la contre-révolution en la blâmant. Voilà pourtant les artifices pour lesquels on mendie la reconnaissance nationale.

N'est-ce pas au ministère, en effet, que nous devons l'art funeste de tourner les forces du gouvernement représentatif contre lui-même ? N'est-ce pas lui qui, familiarisant ses amis avec les formes parlementaires, leur a enseigné à consommer légalement la ruine des libertés légales ? Qu'importe qu'il conserve les apparences de la Charte, s'il la rend vaine et stérile, s'il fait tourner au profit de l'arbitraire les armes de la liberté ? Certes, il eût mieux valu que le parti, dans

sa franche témérité, attaquât ouvertement nos institutions.

Grâce au ciel, tout n'est pas encore accompli; et
peut-être l'avenir de la France est-il encore dans ses
mains. Nous sommes à la veille d'une élection géné-
rale; et, malgré les obstacles sans nombre que nous
opposent, et la l i, et le parti, et le ministère, la
France pourrait se faire jour, et, pour ainsi dire, se
proclamer par ses choix, si tous les électeurs osaient
conformer leur vote à leurs vrais sentimens; si, se
saisissant fortement du droit que leur assure la Charte,
ils se souvenaient que l'indépendance du suffrage
électoral est un des premier devoirs de l'honnête
homme.

Electeurs, votre pays se confie à vous; vous êtes
comptables envers lui de son repos et de sa liberté!
Voulez-vous léguer à vos enfans des révolutions nou-
velles? votez suivant les inspirations du privilége.
Voulez-vous, en consacrant les bienfaits de la révolution, prévenir le retour des maux qui vous les ont
valus? suivez l'inspiration de votre conscience; vous
trouverez au fond de vos cœurs les vrais intérêts de
votre pays; ou plutôt ne vous en rapportez pas à vos
seules lumières : consultez vos concitoyens, écoutez le
vœu de vos fils; que tous vous entourent et vous pres-
sent de leurs exhortations et de leurs conseils. Tous
ceux que vous représentez doivent s'intéresser à vos
choix, tous ont le droit de vous conjurer, de vous
sommer de remplir un devoir qui les touche autant

que vous C'est au nom de la France entière, au nom du trône constitutionnel, que vous nommez ses députés; c'est de vous qu'elle attend, qu'elle exige une chambre énergique et sage, loyale et citoyenne, qui voie dans le bien du peuple le premier intérêt de la couronne, et qui, rendant à la Charte son lustre et sa pureté, ramène le pouvoir dans les voies de la justice, de la liberté, du salut.

Sans la liberté des élections, il n'y a plus de gouvernement représentatif, il n'y a plus de charte.

Quel que soit le but qu'on se propose en se rendant maître des élections, est-il permis de violer les premières lois de l'état pour atteindre à ce but? Sans doute, partout où il y a des élections, il y a cabale, intrigues, mouvemens d'opinions et de partis : c'est un mal qui sort de la chose, il est inévitable. Un gouvernement peut et doit employer *des influences morales*; mais un ministre doit-il exercer une puissance directe et coërcitive sur les élections? doit-il priver, par une mesure arbitraire, un citoyen de l'exercice de ses droits? Est-ce avec des circulaires, des commissaires de police, des menaces aux autorités, des destitutions, des mutations de places, qu'il doit diriger les élections d'un grand peuple?

Et si, en cassant la dernière chambre, on n'a songé qu'à conserver des places qu'on a cru mal à propos menacées, à quelle estime pourrait prétendre celui qui n'aurait pas craint de jouer le sort de la patrie contre la conservation de sa place?

Une circulaire parlant *aux autorités locales* leur ordonne de ne pas désigner certains individus. On jugera s'il est légal que des autorités locales désignent ou ne désignent pas des individus à l'élection, et, par conséquent, privent ou ne privent pas des individus de leurs droits de citoyens.

Comme les opinions sont diverses, comme chacun peut voir le salut du Roi, de la Charte et de la nation autrement que son voisin, quel chaos ne résulterait-il point de toutes ces autorités locales prononçant, d'après leurs passions, un degré d'amour de chaque électeur pour le Roi, la nation et la Charte !

Ce ne sera pas la faute des administrations si les élections ne sont pas excellentes ; car dans ces administrations, il paraît qu'on s'en est beaucoup mêlé. Le ministre des finances apprend à ses agens comment ils doivent concourir à la liberté et au perfectionnement des élections. Un directeur de l'enregistrement et des domaines, en envoyant la circulaire de son chef à un de ses subalternes, finit ainsi : « L'inten- » tion du Roi et de ses ministres est que tous les fonc- » tionnaires publics contribuent de tous leurs moyens » à ce qu'il soit fait de bons choix ; je suis convaincu » qu'ils useront de toute leur *influence* pour arriver » à ce but si désirable, et je crois inutile de prévenir » MM. les employés que si un fonctionnaire public » s'écartait de ses devoirs, *il perdrait sans retour la* » *confiance du gouvernement.* »

Si des ministres nous descendons à leurs agens, nous trouverons que des commissaires ont été envoyés dans les départemens pour travailler les élections avec des pouvoirs dont l'étendue n'est pas connue.

Que répondrait-on aujourd'hui aux ennemis de la chambre nouvelle, s'ils disaient qu'elle ne représente point les véritables sentimens de la France, qu'elle n'est que le fruit d'une intrigue? Essaiera-t-on de répliquer? On vous citera et les circulaires des ministres, et les lettres des préfets, et les commissaires de police, et les exclusions formelles, et les destitutions de places. Serait-on reçu à rejeter la faute sur quelques agens particuliers dans quelques départemens isolés, lorsque la liberté des élections a été attaquée par un système général, depuis Perpignan jusqu'à Lille, depuis Brest jusqu'à Strasbourg?

Ne nous laissons pas dominer par nos opinions particulières; attachons-nous aux principes pour ne pas tomber dans les passions. Je le demande à ceux qui seraient tentés d'approuver qu'on eût violé la liberté des élections, afin d'avoir des députés d'une certaine sorte, s'il leur conviendrait qu'un autre ministère employât un jour des moyens coupables pour en faire nommer d'une autre espèce?

On ne peut se le dissimuler, des doctrines funestes à la liberté se répandent autour de nous. On murmurait l'année dernière, on dit tout haut cette année que les chambres ne doivent être que des conseils obéissant aux ordres ministériels; que nous ne sommes point faits pour un gouvernement constitutionnel, qu'il nous faut conduire avec des ordonnances, que nous n'avons pas besoin de lois.

Heureusement, il est resté des hommes d'un esprit élevé, d'un caractère noble, qui n'ont point désavoué leurs principes, ils se réunissent à tous ceux qui professent des opinions indépendantes, sans acception de partis et de personnes ; conséquens dans leur système politique, comme ils l'ont été dans leur conduite, ils ne veulent pas que le gouvernement représentatif en France soit un vain nom ; ils le veulent réellement, et de fait dans tous ses rapports, dans toute sa plénitude. La Charte, toute la Charte sans arrière-pensée, sans suspension, sans restriction, voilà ce qu'il nous faut.

Et où prétendrait-on nous mener, si l'on parvenait à nous priver peu à peu de nos libertés constitutionnelles ? Comment nous défendrions-nous si on pouvait impunément violer les principes de la Charte ? Nous arriverions au despotisme pur ; et ce despotisme ne serait pas le despotisme royal, mais le despotisme ministériel, le pire de tous, parce qu'il est, de sa nature, variable, craintif et soupçonneux comme la faiblesse ; intolérant, exclusif et haineux comme un parti ; peu noble et petit dans ses vengeances, comme toute faction civile dont le champ de bataille est un bureau. Ce despotisme sans dignité est aussi dangereux pour le Roi que pour le peuple, surtout dans un siècle où l'administration paie tout et a tout envahi. Que ne ferait point, par exemple, un ministre, s'il pouvait hautement, publiquement, s'emparer des élections et nommer les députés.

Je sais qu'il paraît difficile qu'un despotisme quelconque s'affermisse aujourd'hui. On n'arrête pas les progrès des choses; les principes politiques de la Charte resteront, en dépit de ce qu'on pourrait faire pour les détruire; mais on peut troubler l'état en les attaquant, on peut perdre le gouvernement sans réussir à vaincre le siècle. Il faut le dire, pour nous inspirer une frayeur salutaire, un gouvernement serait en danger si un ministre pouvait mépriser demain la loi proclamée aujourd'hui; si l'ambition n'était arrêtée par aucune considération, si l'extrème audace qui touche à l'extrème faiblesse heurtait également dans sa course les hommes et la loi.

Ces réflexions pourront paraître sévères, et nous doutons qu'elles soient agréables à MM. les ministres; mais elles ne sont point de nous; nous les avons extraites d'un écrit de M. le vicomte de Châteaubriant, ministre des affaires étrangères, et nous n'y avons pas ajouté un seul mot (1). C'est à lui qu'en appartiennent le mérite et la responsabilité.

Alors qu'il traçait ces lignes énergiques, l'autorité était loin d'influencer les élections comme aujourd'hui; les destitutions étaient moins nombreuses; on n'avait pas imaginé toutes les ruses, toutes les entraves que le génie inventif de la contre-révolution oppose à l'exercice des droits des citoyens; on n'avait pas encore pensé à défaire des électeurs à coups de dégrèvement, et à en créer à coups d'augmentation; les agens de l'au-

---

(1) *Proposition faite à la chambre des pairs*, par M. le vicomte de Châteaubriant, dans la séance du 25 novembre 1816. A Paris, chez J. G. Dentu, imprimeur-libraire, rue des Petits-Augustins, n° 5.

torité ne menaçaient pas de *signaler* les citoyens qui voteraient autrement que le pouvoir l'ordonne. Nous devons conclure des anciennes réflexions de M. de Châteaubriant, qu'il ignore tout ce qui se pratique aujourd'hui. Un homme qui porte la loyauté dans la politique, qui fut constamment le défenseur de la morale et de la religion, n'approuverait pas, comme ministre, une manière d'agir qu'il a si énergiquement et si justement blâmée dans ceux qui le furent avant lui.

Nous sommes heureux de remettre sous les yeux du public un écrit qu'il avait peut-être oublié. Il sera un frein puissant pour les fonctionnaires publics qui attenteraient à la liberté des élections; il les avertit du sort qui leur est réservé sous une administration dont d'un des principaux membres a exprimé de tels principes. Il servira d'ailleurs à rassurer ceux qu'on menaçait de destitutions; ils peuvent être désormais tranquilles : M. de Châteaubriant ne resterait pas dans un ministère qui procéderait ainsi en matière d'élection.

(*Extrait du Constitutionnel.*)

Imprimerie de SÉTIER, Cour des Fontaines, N° 7.

www.ingramcontent.com/pod-product-compliance
Lightning Source LLC
Chambersburg PA
CBHW050738070726
47597CB00009B/3982